AF582298

LE DESTIN
DU NOUVEAU SIECLE.

RECITS EN MUSIQUE

POUR SERVIR D'INTERMEDES

A LA TRAGEDIE

DE MAXIME MARTYR

QUI SERA REPRESENTÉE

AU COLLEGE DE LOUIS LE GRAND,

Mercredy 12. jour de May 1700.

A PARIS,

De l'Imprimerie de la Veuve d'ANTOINE LAMBIN rüe S. Jacques, au Miroir.

M. DCC.

ARGUMENT.

LA FIN DU SIECLE present, à laquelle nous touchons presque, & l'avenement d'un nouveau, où nous allons bien-tost entrer, ont donné occasion au sujet qu'on a pris pour la matiere de ces Intermedes, à l'imitation des Jeux Seculaires, que les Romains avoient coûtume de celebrer à la fin de chaque Siecle.

LE DESTIN DU NOUVEAU SIECLE.

PROLOGUE.

Sujet du Prologue.

SATURNE, en qualité de Dieu qui preside aux temps, se prepare à donner au monde un nouveau Siécle. Il invite les Parques à en regler la destinée au gré des peuples. Ceux-cy se trouvant divisez en deux Partis, dont l'un demande la paix, & l'autre la guerre, taschent, chacun de leur côté, de se rendre les Parques favorables.

SATURNE.

JE veux donner un nouvel âge au monde,
Les siécles les plus beaux ne durent pas toûjours;
Je veux, pour le bonheur de la Terre & de l'Onde,
Des ans & des saisons renouveller le cours.
Charmant autheur de la lumiere,
Recommence, Soleil, ta pénible carriere,
Donne nous de beaux jours.

Accourez, Parques immortelles,
Et vous, Déstins imperieux,
Qui par des loix éternelles
Reglez le sort des hommes & des Dieux.
Vos ordres souverains peuvent se faire entendre,
C'est de vous que doit dépendre
Le bonheur de l'Univers;
Tout est soûmis à vôtre obéïssance,
Montrez icy vôtre puissance,
Et recevez les vœux de cent peuples divers.

LES PARQUES.

Tout dépend de nostre empire;
Le sort des humains
Est en nos mains,
De tout ce qui respire,
Nous filons les destins.
Devant nous tout tremble,
Tout craint nos coups;
Et tous les Dieux ensemble
Sont moins redoutables que nous.

CHOEUR
De peuples qui demandent la paix.

Arbitres du destin, Divinitez terribles,
Accordez à nos vœux des jours doux & paisibles.

CHOEUR
De peuples qui demandent la guerre.

Arbitres du destin, Divinitez terribles,
Dans les combats de Mars rendez-nous invincibles.

LE I. CHOEUR.

Bannissez loin de ces climats
Les fureurs de la guerre.

LE II. CHOEUR.

Répandez dans tous les climats
Mesme ardeur pour la guerre.

LE I. CHOEUR.

Que la paix regne sur la Terre.

LE II. CHOEUR.

Bannissez la paix de la Terre.

LE I. CHOEUR.

La paix seule, la paix a pour nous des appas.

LE II. CHOEUR.

Mars seul & la Victoire ont pour nous des appas.

UN DU PARTI DE LA PAIX.

Un Heros glorieux aprés mille conquestes
Nous a donné la paix.
Il a sçû mépriser les palmes toutes prestes
Que Mars luy destinoit pour de nouveaux projets.
Son bras a dissipé les affreuses tempestes
Qui menaçoient nos testes,
D'une paix precieuse il comble nos souhaits:
Arbitres du destin, Divinitez terribles,
Donnez-nous, comme luy, des jours doux & paisibles.

CHOEUR
Du parti de la Paix.

Arbitres du destin, Divinitez terribles,
Donnez-nous, comme luy, des jours doux & paisibles.

UN DU PARTI DE LA GUERRE.

Non, non, ce n'est qu'à ses exploits,
Que ce Heros fameux doit l'éclat de sa gloire.
Au milieu des combats, nous l'avons veû cent fois
Voler de victoire en victoire.
A ces nobles travaux son grand cœur attaché
Eût soûmis tout le monde au pouvoir de ses armes,
Si la paix par ses charmes
D'entre les bras de Mars ne l'avoit arraché.

CHOEUR
Du parti de la Guerre.

Chantons sa valeur éclatante,
Chantons ses hauts faits.

CHOEUR
Du parti de la Paix.

Chantons sa bonté triomphante,
Chantons ses bienfaits.

LE I. CHOEUR.

A l'exemple du Dieu qui lance le tonnerre,
Il fit trembler la terre.

LE II. CHOEUR.

Tel que ce Dieu puissant, quand il prend son tonnerre,
C'est pour calmer la terre.

LE I. CHOEUR.

Heureux ceux qu'il a soûmis!

LE II. CHOEUR.

Heureux le peuple qu'il aime!

LE I. CHOEUR.

Il a vaincu mille ennemis,

LE II. CHOEUR.

Il s'est encor vaincu luy-mesme.

TOUS ENSEMBLE.

Unissons nos cœurs & nos voix,
Pour chanter le plus grand des Rois.
Chantons sa valeur éclatante,
Chantons sa bonté triomphante,
Chantons ses hauts faits,
Chantons ses bienfaits.

I. INTERMEDE.

Sujet du I. Intermede.

MARS pour se mettre en possession du nouveau siecle, & en faire un siecle guerrier, exhorte les peuples à le suivre, & en attire plusieurs. LA GLOIRE leur promet des lauriers, BELLONE leur apprend quel en est le prix, VULCAIN leur fait preparer des armes, & tous trois, par ce moyen, secondent si heureusement les desseins de MARS, qu'ils font declarer en sa faveur quelques-uns de ceux qui paroissoient les plus attachez au parti de LA PAIX. Ils s'unissent tous ensemble pour concourir aux projets de Mars, & allumer une guerre qui dure éternellement.

MARS.

Que cet âge nouveau par les destins promis
Soit un âge de gloire ;
Que ce temps soit marqué par des faits inoüis,
Qui des siécles passez effacent la memoire.

Ce n'est pas pour languir dans un honteux repos
Que les Dieux ont donné la vie.
D'un reproche éternel elle est toûjours suivie,
Quand on a méprisé l'exemple des Heros.
Peuples, suivez mes pas, une gloire immortelle
Sera le prix de vos exploits.
Venez, accourez tous, repondez à ma voix,
C'est Mars qui vous appelle.

CHOEUR

DE GUERRIERS.

Suivons Mars,
Rendons-luy tous hommage,
Faisons de toutes parts
Voler ses estendarts.

UN SUIVANT DE MARS.

La gloire est le partage
D'un noble courage,
Qui brave les hazards.

CHOEUR

DE GUERRIERS.

Suivons Mars, &c.

UN SUIVANT DE MARS.

De l'esclavage
Son bras nous dégage,
Un seul de ses regards
Fait tomber les remparts.

CHOEUR

DE GUERRIERS.

Suivons Mars, &c.

BELLONE.

Les lauriers qu'on moissonne,
En suivant Bellone,
Ne sont deûs qu'aux exploits d'un bras victorieux.
Les lauriers qu'on moissonne,
En suivant Bellone,
Elévent les vainqueurs jusques au rang des Dieux.

VULCAIN.

Le Dieu qui forge le tonnerre,
Sensible à vôtre ardeur, met ses soins les plus doux,
A preparer pour vous
Les foudres de la guerre.
Cyclopes accourez tous ;
Que tout fremisse,
Que tout retentisse
Du bruit de vos coups.
Hastez-vous, redoublez vos peines,
Travaillez, preparez des chaînes,
Enfermez pour jamais
Les plaisirs & la paix.

CHOEUR

DE PEUPLES

qui abandonnent le parti de la Paix, pour suivre Mars.

Méprisons la paix & ses charmes,
Ses appas enchanteurs
Causent plus de malheurs
Que n'en sçauroient causer les armes.

UN DU PARTI DE LA PAIX qui l'abandonne, pour se donner à Mars.

Vains soupirs,
Faux plaisirs
D'une indigne mollesse,
Vous avez trop long-temps,
Par mille attraits brillants,
Seduit ma tendresse,
Le Dieu Mars que je sers,
A brisé mes fers:
Je le suivray sans cesse,
Portez ailleurs
Vos appas trompeurs,
Vostre lasche foiblesse;
Vains soupirs,
Faux plaisirs
D'une indigne mollesse;
Vous avez trop long-temps,
Par mille attraits brillants
Seduit ma tendresse,
Le Dieu Mars que je sers,
A brisé mes fers.

MARS.

Cedez, Musettes,
A nos trompettes,
Qu'on entende toujours
Le son des Tambours.

CHOEUR.

Cedez, Musettes, &c.

MARS.

Le fracas des armes,
Le bruit des allarmes,
Les cris des combattans
Sont pour nous des concerts charmans:
Cedez, Musettes,
A nos Trompettes,
Qu'on entende toujours
Le son des Tambours.

CHOEUR.

Cedez, Musettes, &c.

II. INTERMEDE.

Sujet du II. Intermede.

LE GENIE qui preside à la terre, prévoyant les maux que la guerre y devoit causer, invite LA PAIX à descendre du ciel, où elle s'étoit retirée. LA PAIX fléchie par ses Prieres, descend accompagnée des Jeux, des Plaisirs & de l'Abondance. Les Divinitez champestres témoignent la joye qu'elles ont de son retour. Plusieurs peuples, & de ceux mesmes qui avoient d'abord suivi MARS, se déclarent enfin pour LA PAIX, & vantent ses avantages. Touchée de leur zele & de leur affection, elle ordonne aux Jeux & aux Plaisirs de demeurer éternellement sur la terre pour le bonheur des peuples, qui par reconnoissance font retentir par tout le nom de la Paix.

LE GENIE DE LA TERRE.

De cet âge nouveau, qu'on promet à nos vœux,
Helas! que pouvons-nous attendre?
Si pour nous rendre tous heureux,
Du Ciel en mesme temps la Paix ne veut descendre.
Descendez, ô charmante Paix!
Venez nous combler de bienfaits.

Sans vous rien ne nous contente,
La gloire la plus brillante
Ne cause jamais
De plaisirs parfaits.

Que chacun chante :
Descendez, ô Paix charmante !
Descendez, ô charmante Paix !
Venez nous combler de bienfaits.

CHOEUR.

Descendez, ô charmante Paix !
Venez nous combler de bienfaits.

LE GENIE DE LA TERRE.

Qu'entens-je ?... O ciel !... Quelle douce harmonie !..
Quels tendres sons ? Ah ! quels divins concerts !
Je vois la Paix descendre dans les airs :
Descendez, douce Paix, venez briser nos fers.
Trop long-temps de ces lieux vous vous estes bannie ;
Descendez, ô charmante Paix !
Venez nous combler de bienfaits.

CHOEUR.

Descendez, ô charmante Paix !
Venez nous combler de bienfaits.

LA PAIX.

Je reviens dans ces lieux guerir par ma presence
Les maux que la guerre a causez :
Je raméne avec moy les Jeux & l'Abondance,
Les Dieux enfin sont appaisez.
Mortels, ne craignez plus les horreurs de la guerre,
Ne craignez plus rien desormais ;
Si la Paix aujourd'huy se redonne à la terre,
C'est pour ne la quitter jamais.

DIVINITE' CHAMPESTRE.

Dans nos campagnes fleuries,
Dans nos charmantes prairies,
De la Paix en ce jour
Celebrons le retour.
Que les Bergers à l'ombrage,
Les Oiseaux en leur ramage,
Chantent dans nos forests
Le retour de la Paix.

AUTRE DIVINITE' CHAMPESTRE.

Ruisseaux, fontaines,
Coulez, jaillissez;
Vous, dans nos plaines,
Agneaux, bondissez.
Paissez en asseurance,
Tranquiles troupeaux;
La Paix, dans ces hameaux,
Est vostre défense.

CHOEUR.

Durez toûjours, charmante Paix,
Et comblez-nous de vos bienfaits.

LE GENIE DE LA TERRE.

Ce n'est que pour punir la Terre,
Que les Dieux irritez, dans leur juste fureur,
Déchaînent quelquefois la Discorde & la Guerre,
Et dans tous les climats répandent la terreur.

Mais

Mais quand une humble offrande
A calmé leur courroux,
De toutes les faveurs qu'ils répandent sur nous,
La Paix est la plus grande.

CHOEUR
DE PEUPLES QUI QUITTENT MARS, pour se donner à la Paix.

Suivons la Paix,
Rendons-nous à ses charmes,
Rompons nos armes,
Brisons nos traits,
Rien ne peut resister à ses divins attraits.

UN SUIVANT DE LA PAIX.

Faisons taire l'envie,
Qui condamne le repos,
Où la Paix convie
Les plus grands Heros.
Par d'utiles travaux
Qui partagent la vie,
Faisons taire l'envie.

CHOEUR.

Suivons la Paix, &c.

UN SUIVANT DE LA PAIX.

La Paix répare les dommages
Que la guerre a faits.
Ces Jardins, ces tendres Bocages,
Ces superbes Palais
Sont ses ouvrages.

CHOEUR.

Suivons la Paix, &c.

UN SUIVANT DE LA PAIX.

Tout ce qu'on moissonne
Dans nos guerets,
C'est elle qui le donne;
Nous devons à la Paix,
Plus qu'à Bachus, plus qu'à Pomone,
Tous les biens de l'Automne.
Nous devons à la Paix,
Plus qu'à Cerés,
Tout ce qu'on moissonne.

LA PAIX.

Jeux, Plaisirs innocens, tendres Divinitez
Qui marchez toûjours à ma suite:
Demeurez en ces lieux, jamais ne les quittez,
Mars & Bellone ont pris la fuite,
Les Dieux, les justes Dieux, ne sont plus irritez.
Demeurez où la Paix habite:
Jeux, Plaisirs innocens, tendres Divinitez,
Demeurez en ces lieux, jamais ne les quittez.

CHOEUR.

Que tout retentisse
Du nom de la Paix.
Que tout s'unisse
Pour chanter ses bienfaits.

Campagnes,
Montagnes,
Rochers, antres ſecrets;
Echos, temples, foreſts,
Que tout retentiſſe
Du nom de la Paix.
Que tout s'uniſſe
Pour chanter ſes bienfaits.

III. INTERMEDE.

Sujet du III. Intermede.

SATURNE voyant que les peuples, toûjours partagez sur le sujet de la paix & de la guerre, ne pouvoient s'accorder ensemble dans les vœux qu'ils formoient, leur conseille de recourir à PALLAS Déesse de la Sagesse, qui leur fait entendre qu'une guerre ou une paix continuelle sont également à craindre, & qu'il faut toûjours cultiver avec un soin égal les exercices de l'une & de l'autre. Elle ordonne ensuite aux Parques de former un siécle qui soit entremeslé de paix & de guerre. Ces fieres Déesses luy obeïssent, pour marquer que la Sagesse est superieure aux Destins. Les peuples réünis ensemble par le moyen de PALLAS, en rendent graces à cette sage Déesse, & la prient de ne les jamais abandonner.

SATURNE.

Quoy toujours opposez dans vos vœux indiscrets !
Mortels, ne sçauriez-vous unir vos interests ?
Quel charme, quel Demon contraire
De la paix entre vous a rompu tous les nœuds ?
En vain l'on veut vous satisfaire ;
Le destin, quoy qu'il puisse faire,
Fera toujours des malheureux.

Peuples soumis à mon empire,
De la sage Pallas implorez le secours;
Si sa sagesse vous inspire,
Vous aurez un bonheur qui durera toûjours.

CHOEUR
DES DEUX PARTIS,

dont l'un demande la paix, & l'autre la guerre.

Contentez nos desirs, Pacifique Minerve,
Génereuse Pallas, favorisez nos vœux.

UN DE CHAQUE PARTY.

C'est vostre main qui nous preserve
Des dangers les plus affreux;
C'est à vous que le Ciel reserve
Le soin de nous rendre heureux.

CHOEUR

DES DEUX PARTYS.

Contentez nos desirs, Pacifique Minerve,
Génereuse Pallas, favorisez nos vœux.

PALLAS.

Cessez une injuste querelle,
J'accours à la voix qui m'appelle,
Je viens vous réünir:
Cessez une injuste querelle,
Tous vos maux vont finir.

Un peu de guerre, au lieu de nuire,
Releve un courage abbatu.
Un peu de paix fait qu'on respire,
Aprés que l'on a combattu.
Une trop longue guerre affoiblit un Empire,
Une trop longue paix fait languir la Vertu.

Aimez les armes,
Cultivez les arts.

CHOEUR DES PEUPLES.

Aimons les armes,
Cultivons les arts.

PALLAS.

La Paix a mille charmes,
On est souvent contraint de recourir à Mars:
Aimez les armes,
Cultivez les arts.

CHOEUR.

Aimons les armes,
Cultivons les arts.

UN SUIVANT DE PALLAS.

Une saison trop cruelle
A beau desoler nos champs:
La Terre en paroist plus belle,
Au doux retour du Printemps.

La guerre la plus terrible
Nous cause en vain cent frayeurs ;
Tout ce qu'elle a de plus horrible
Semble preparer les cœurs,
A mieux gouster le sort paisible
Qui succede à ses rigueurs.

UN SUIVANT DE PALLAS.

Quelle plus triste image
Qu'une sombre nuit !
L'Aurore qui suit,
En plaist davantage.

SECOND COUPLET.

A quel triste esclavage
La guerre réduit !
Mais la paix qui suit,
En plaist davantage.

PALLAS.

Que la guerre & la paix s'unissent dans ce jour ;
Sur la terre & sur l'onde,
Pour le bonheur du monde,
Qu'ils regnent tour-à-tour.
Vous, Parques, qui reglez le destin de la Terre,
Ah ! rendez, s'il se peut, tous les cœurs satisfaits,
Meslez les travaux de la guerre
Aux plaisirs de la paix.

LES PARQUES.

Formons un âge aimable,
Que nos fatales mains
Filent pour les humains
Un bonheur durable.
Rendons tous les cœurs satisfaits,
Nous qui reglons le destin de la terre;
Meslons les travaux de la guerre
Aux plaisirs de la paix.

LE GRAND CHOEUR.

O Minerve! ô Pallas! ô Déesse puissante!
O vous dont la main bienfaisante,
A comblé nos souhaits!
O Minerve! ô Pallas! ô Déesse puissante!
Ne nous abandonnez jamais.

LE PETIT CHOEUR.

Les Parques terribles,
Pour tout autre insensibles,
Ecoutent vôtre voix.
Des destins inflexibles
Vous pouvez forcer les loix.

LE GRAND CHOEUR.

O Minerve! ô &c.

La Musique est de la Composition de Mr CAMPRA, Maître de Musique de l'Eglise Cathedrale de Nôtre-Dame de Paris.

www.ingramcontent.com/pod-product-compliance
Lightning Source LLC
LaVergne TN
LVHW050508160826
845677LV00003B/1013

* 9 7 8 2 3 2 9 6 2 7 0 0 7 *